[illegible]

PAR

LA PROHIBITION

ET

LES COLLECTIONS INDUSTRIELLES,

Par P. Blondin.

> Qui est-ce qui a creusé ces canaux? Qui
> est-ce qui a desséché ces plaines? Qui est-ce
> qui a fondé ces villes? Qui est-ce qui a ras-
> semblé, vêtu, civilisé ces peuples? — C'est
> le Commerce! RAYNAL.

PARIS,

CHEZ RENARD, A LA LIBRAIRIE DU COMMERCE,

Rue Sainte-Anne, 71.

1839.

32443

FRAGMENS

SUR

LA PROHIBITION

ET LES

COLLECTIONS INDUSTRIELLES.

PARIS, IMPRIMERIE D'AD. MOESSART ET JOUSSET,
rue de Furstemberg, 8 *bis*.

FRAGMENS

SUR

LA PROHIBITION

ET

LES COLLECTIONS INDUSTRIELLES;

Par P. Blondin.

> Qui est-ce qui a creusé ces canaux? Qui
> est-ce qui a desséché ces plaines? Qui est-ce
> qui a fondé ces villes? Qui est-ce qui a ras-
> semblé, vêtu, civilisé ces peuples?—C'est
> le Commerce!
> RAYNAL.

PARIS,

Chez RENARD, A LA LIBRAIRIE DU COMMERCE,

Rue Sainte-Anne, 71.

—

1839.

AVANT-PROPOS.

Les Industriels français s'occupent généralement peu de l'étude et de la discussion des principes qui constituent la science que l'on est convenu d'appeler *Economie politique*. Certains adeptes pensent que les choses sont bien de la sorte ; les allégations des praticiens ne pouvant, selon eux, qu'encombrer les débats.

Si les notions pratiques ne tiennent lieu ni de la sagacité, ni de l'esprit philosophique, ni de l'élévation de vues nécessaires à un degré si éminent et si spécial pour juger les faits dans leur ensemble, pour les analiser, les coordonner, en tirer des déductions, et arriver ainsi à la découverte des lois qui président à ces grands phénomènes; du moins admettra-t-on que les avertissemens de l'industriel, ses aperçus pris de positions où ne peuvent se placer ni la science, ni la philosophie, ni l'Administration, ses notions puisées aux sources de la vie industrielle, fourniront des matériaux exacts, positifs, sur lesquels doit évidemment se fonder la dissertation de ces graves intérêts.

Deux questions sont en présence :

L'industrie doit-elle se modeler sur des principes préexistans, s'assimiler à eux; doit-elle être enfermée dans l'inflexible cercle d'un système, et vivre de la vie artificielle qu'il lui fait? Ou bien, les principes ne doivent-ils être que les corollaires de faits observés dans un état d'entière liberté, dans une suite de temps et de cir- constances assez souvent répétées, pour constater la reproduction invariable des phénomènes, et alors seulement ces dé- ductious doivent-elles prendre le caractère de principes, de lois?

La première de ces deux hypothèses préside malheureusement, sous beaucoup de rapports, à notre destinée industrielle. La seconde, n'est plus applicable, du moins d'une manière absolue, dans l'état actuel de la société. — La meilleure solution possible paraît être dans une fusion conve- nable de ces élémens opposés et dans l'as- sociation des intelligences puissantes, or- ganisatrices, avec les hommes de pratique et d'expérience.

Les économistes peuvent rigoureuse- ment poser des lois, en certains points qui se rapportent à la direction et au bien- être général de la société, parce que là se trouve une accumulation de faits observés et discutés depuis l'origine des sociétés, faits d'ailleurs plus inhérens à l'organisation humaine dont les passions et les instincts natifs variant peu, permettent des observations plus exactes ; et cependant, de combien d'erreurs ces théories n'ont-elles pas été l'occasion ? Mais, dans une nature si jeune que l'est notre industrie, si imparfaite encore, si changeante, qui, plus qu'aucune autre, participe de ce mouvement éternel imprimé à l'esprit comme à la matière, nature dont les agens et les produits se modifient, se renouvellent sans cesse, à laquelle enfin il reste tant de transformations à subir, peut-on impunément imposer des formes et des limites déterminées, tracer des règles absolues ?

Avec une application tellement multiple, les conséquences d'un principe faux sont incalculables ; une définition erronée peut rompre toute la chaîne des idées et des faits. Que serait-il advenu de la société moderne, si elle se fût reconstituée sur les théories des économistes du xviiie siècle? Lorsque Montesquieu disait avec Smith que « les *richesses* consistent en fonds de » terre ou en objets mobiliers, et que le » peuple qui possède le plus de ces effets » mobiliers est le plus riche de l'univers, » dans quelles méprises ne serait-on pas tombé avec cette explication devenue paradoxale?

A Dieu ne plaise que je veuille discuter le mérite de la science économique, que j'ose méconnaître les services rendus par les maîtres qui, en fondant l'Ecole Française, lui ont donné une direction organisatrice, un caractère élevé; que je songe à contester les travaux des écrivains de nos jours qui ont tant et si bien enrichi cet héritage du dernier siècle. Cependant je pense qu'en exerçant trop exclusivement leurs facultés dans la philosophie des généralités sociales, en agrandissant, outre mesure, le domaine de la métaphysique dans les conceptions de l'*Économie politique*, les économistes n'ont pas complétement satisfait à leur mission ; ou plutôt, qu'en instituant de la sorte une *Économie sociale*, ils ont laissé à développer l'*Économie industrielle*.

Ces deux sciences, qui paraissent confondues, tant elles sont intimes, qui se touchent chaque fois que les rouages industriels viennent s'enter sur la machine sociale, ont cependant des conditions d'existence bien différentes. L'*Économie industrielle*, dans une sphère plus humble, doit vivre plus près des faits ; la lumière lui vient d'en-bas. Elle appelle le concours des praticiens, et ceux-ci lui apporteront leur contingent d'expérience, au moyen d'une nomenclature simplifiée qui exclue toute confusion de mots et d'idées, au moyen de limites bien définies qui séparent les abstractions des réalités sensibles et appréciables. Ces documens commerciaux seront autre chose que de la technologie, autre chose que de la statistique; ils seront un alliage des élémens constitutifs de l'existence industrielle. Après avoir été élaborés par la discussion, confrontés avec les renseignemens officiels, ils serviront efficacement aux économistes pour déduire des lois exactes et justifiées, des principes féconds. De cette manière, les industriels exerceront leur aptitude à discuter les faits et les principes; ainsi ils mettront leurs idées dans la circulation, et ils participeront aux réglemens que l'on donne à leur existence; ainsi sortira bientôt de leurs rangs une parole forte et puissante qui définira le monde nouveau qu'ils ont devant eux.

De l'émancipation de la parole industrielle naîtra la *pensée industrielle*. Celle-ci
venant à étendre son influence, se plaçant
quelque jour dans le pouvoir, réduisant à
une réalité définie les intérêts moraux et
politiques qui tendent concurremment à
nous diriger aujourd'hui et absorbent, trop
peut-être, les capacités et toutes les intelligences; cette *pensée* se faisant à son tour
principe organisateur, on pourra se demander si, lorsque la société a glissé sur
tant de bases diverses, le temps n'est pas
venu d'en accepter une qui résume les autres, qui réponde aux idées de perfection-
nement, de bien-être et de concorde, de
stabilité et de progrès.

Ceux auxquels cet énoncé pourra paraître
une vaine et ambitieuse prophétie, admet-
tront cependant qu'il reste à faire mieux
que ce qui est, et que le Commerce puisse
demander une position mieux définie, plus

libérale, avec des institutions que la régénération de 1789 n'a pas données à cette corporation, tandis qu'elle dotait si bien la famille entière.

L'attraction et la centralisation administratives, élément toujours actif et vivace, renaissant sous les débris de tous les régimes, toujours droit et détaché d'intérêt personnel parce que ses agens sont purs et consciencieux, bien souvent efficace et salutaire, mais souvent aussi, blessant à force de vouloir être officieux et protecteur, n'a pas manqué d'embrasser l'industrie dans son réseau et de l'assujétir à ses habitudes.

Le Commerce, qui n'est que l'un des organes du corps social, doit, sans contredit, participer de l'existence commune, y concourir et la favoriser. Mais, outre cette vie collective, il lui faut aussi celle intime, spéciale, qui est propre à chaque organe;

il lui faut des institutions qui soient de sa propre nature, dans lesquelles il puisse librement se mouvoir, qui satisfassent à sa constitution développée. Celles d'aujourd'hui sont telles que les a données le despotisme de Louis XIV, resserrées par l'absolutisme naissant de Bonaparte premier consul. Les Chambres de commerce, les Conseils généraux du Commerce, des manufactures et de l'agriculture étaient en 1700 le résultat d'une élection parfaitement libre ; le Consulat a introduit l'administration dans ces assemblées de marchands ; le Gouvernement de 1830 a amélioré l'organisation des Conseils généraux, mais sans changer tout ce que le principe a de restrictif ; les Chambres de commerce sont restées consultatives, c'est-à-dire forcément passives, inertes, quels que soient d'ailleurs la capacité et le dévoûment des hommes qui y siégent.

Lorsque les Industriels, comprenant bien ce qui leur manque, éclaireront l'opinion publique et l'Administration, lorsqu'ils réclameront une condition plus large, plus normale et plus actuelle, dans leurs institutions, dans leur code, dans leurs établissemens de crédit et de circulation, le concours des hommes de la science économique, écrivains ardens au bien-être de tous, ne leur fera pas défaut. — Avec leur aide le commerce réalisera cette émancipation, conquête inoffensive et féconde, qui ne connaît ni vainqueurs ni vaincus, tandis que les querelles de la guerre et de la politique tuent et démolissent.

LA PROHIBITION

CONSIDÉRÉE

COMME OBSTACLE AU DÉVELOPPEMENT

DE CERTAINES INDUSTRIES.

La prohibition est l'une des plus graves questions de la science économique. Il n'en est pas qui touche à des intérêts aussi nombreux, aussi importans, et en même temps aussi opposés; par cette raison, les hommes les plus consciencieux, les esprits les plus justes et les plus éclairés, sont, à son égard, en complète dissidence. Les uns, ne voyant que périls et confusion hors de la prohibition; d'autres, plus sages, pensant qu'elle doit se modifier selon le temps et avec les choses sur

1

lesquelles s'exerce son action; ceux-ci soutenant qu'une liberté entière est nécessaire à l'industrie, et que le moment est venu de la lui donner, autant pour elle que pour les consommateurs; ceux-là défendant des positions acquises, des industries fondées sur la prohibition et paraissant n'exister que par elle.

C'est qu'en réalité, la prohibition est un moyen héroïque qui, selon la manière dont il est mis en usage, selon les temps et les lieux, féconde ou stérilise, aliène ou prépare l'avenir, excite et accélère le mouvement industriel ou l'assoupit et l'éteint.

L'histoire de la prohibition est celle de tous les protectorats : l'envahissement, la domination, après l'alliance. Malheureusement peut-être, cette loi s'est incorporée à tel point dans la pratique des affaires commerciales, dans les idées et les habitudes de tous, qu'elle semble maintenant être une partie intégrante du corps industriel, une condition de sa vie. — C'est une erreur et une usurpation qu'il importe de signaler.

Bientôt, il faut l'espérer, cette grande question sera jugée; l'opinion publique et l'administration prendront un parti au milieu de ces assertions et de ces intérêts divers. Les faits de tous les instans leur viennent en aide; chaque jour leur porte sa lumière. Mais, pour que la cause soit bien entendue, bien comprise; pour que force reste à la

vérité, chacun doit apporter son tribut à la discussion. C'est dans ce sentiment que je me suis enhardi
à produire mes idées et mon opinion.

Je ne pense pas qu'il soit permis, aujourd'hui,
de poser la question de prohibition ou de liberté,
sur des principes absolus; je ne crois pas que le
temps ait assez marché, pour que l'on doive rem-
placer brusquement la prohibition par la libre introduction de tous les produits étrangers; mais
aussi, je suis fortement convaincu que la prohibition, après d'immenses services rendus, n'est plus
en rapport avec l'état actuel; qu'elle peut, sous
certains points, nous faire dépasser le but; et enfin,
que son application *absolue*, telle qu'elle est prati-
quée en France, loin de protéger certaines industries, n'est en réalité, pour elles, qu'un obstacle.

La prohibition est aussi, sous certains rapports,
en contradiction avec les élémens nouveaux qui
s'introduisent dans la constitution sociale, dans les
relations internationales, et dans les habitudes industrielles. Ces élémens provoquent le rapprochement et la fusion; la prohibition tend à isoler et à
désunir. Sans être purement humanitaire, sans par-
tager ces belles utopies qui appellent les peuples
à une fraternité impossible, en restant dans le
positif et dans le vrai, on peut déplorer cette dé-
viation. C'est un frottement de plus dans la machine sociale, et partout une déperdition de

forces; car (et il ne faut pas le méconnaître) le mouvement qui signale notre époque et se traduit par des œuvres si grandes, nous pousse irrésistiblement vers un but visible où tous les intérêts se donneront rendez-vous. Vainement la prohibition et les lois fiscales, vainement ce besoin déréglé de gain et d'actualité, feraient-ils résistance; est-ce que le passé ne nous apprend pas comment le temps et l'esprit humain mutilent et détruisent les systèmes et les institutions! je ne saurais dire ni quand, ni comment; mais à coup sûr un jour viendra où le commerce sera libre de toute prohibition, lui pour qui la liberté semble être de droit naturel dans l'état de société.

Ce qu'il faut éviter, c'est que cette transformation se fasse avec collision, avec secousse violente; ce qu'il faut chercher, c'est d'arriver à l'avenir par une pente douce, tout en travaillant à l'amélioration du présent.

Ce moyen de transition ne consiste-t-il pas à maintenir le principe prohibitif, en le tempérant par des exceptions graduées qui favorisent et fécondent les industries riches de leur propre fonds? C'est l'opinion que j'ai voulu émettre et justifier dans cette note.

La Prohibition dans ses rapports avec l'exportation de nos produits manufacturés.

Nos réglemens de douane privent des industries

nationales de leur liberté d'action, les arrêtent dans leur production, et les frappent d'atrophie en leur interdisant de tirer de l'étranger un produit élémentaire qui manque en France, et dont elles auraient besoin pour livrer à l'exportation un produit complet et d'une valeur supérieure. Dans cette espèce, la prohibition manque donc à sa mission, car cette mission exclusive est de pousser les industries vers le développement et la production.

La prohibition n'est, au yeux du plus grand nombre, rien de plus, rien de moins, qu'un impôt prélevé sur les consommateurs au profit des producteurs nationaux; et, par conséquent, elle n'impliquerait ainsi qu'une question d'équilibre entre deux existences nationales. Mais si on considère la prohibition sous le rapport de l'influence qu'elle exerce sur les exportations; si on apprécie que les exportations sont presque une condition indispensable du développement de nos manufactures, et des prix de revient abaissés, au moyen desquels ce développement et ces exportations, par une réaction réciproque, doivent assurer à l'industrie française la place qui lui est indiquée; si, se rendant compte des causes qui agissent sur la fortune bonne ou mauvaise des manufactures, on s'élève à d'autres considérations, oh! alors, le point de vue change, la question grandit.

Je viens de dire comment la prohibition entrave certaines industries. Si l'esprit du principe prohibitif est véritablement émancipateur, il faudra donc qu'il admette et qu'il appuie une mesure qui promettrait de préparer par des voies rationnelles, simples et pacifiques, une émancipation générale. Le débat, si alors il en devait exister, ne serait plus entre les producteurs et les consommateurs nationaux, mais bien entre des industries, enfans d'une même famille, sorties du même giron, auxquelles la même éducation a, comme parmi les hommes, donné des directions et des capacités diverses, et qu'il convient par conséquent de placer aujourd'hui dans des conditions et des habitudes en rapport avec leur développement. J'indique ainsi, tout d'abord, ma pensée dominante : celle d'émanciper certaines industries parvenues à une constitution assez robuste pour pouvoir se suffire à elles-mêmes, et de les affranchir, dans certaines conditions et mesures, des entraves de la prohibition.

Je reconnais, que dans son ensemble, l'industrie française peut avoir encore besoin d'une protection prohibitive pour les produits qu'elle livre à la consommation intérieure ; mais là doit se borner cette protection, qui ne saurait impunément rester absolue, imposée à quelques parties de l'industrie qui ont progressé. Ces industries avancées ne doivent-elles pas protester contre la prohibition qui les empêche d'entrer en concurrence *au dehors* avec les produits étrangers, et d'essayer au delà de nos lignes de douane un développement de forces qu'elles ne sauraient acquérir complètement que par la lutte? n'ont-elles pas le droit de réclamer leur émancipation en dépit des intérêts arriérés, que celle-ci peut inquiéter? Qu'on se rassure cependant, il ne s'agit ni d'une mesure violente, perturbatrice, ni même d'une innovation. Il suffira, quant à présent, que l'Administration fasse l'application de l'art. 5 de la loi du 5 juillet 1836, lequel l'autorise « à laisser introduire temporai- » rement des produits étrangers destinés à être fa- » briqués ou à recevoir en France un complément » de main-d'œuvre, *sous condition de réexporter* » *ces mêmes produits.* »

Un certain nombre d'industries tenteraient immédiatement de mettre à profit cette introduction conditionnelle; d'autres en apparence, aujourd'hui étrangères à cette mesure, y trouveraient bientôt l'occasion de s'étendre ou de créer des affaires dont le germe non plus que la pensée ne peuvent exister encore. La liberté du commerce n'est jamais stérile. Entre toutes ces industries, j'ai pris pour texte l'*Impression sur étoffes,* qui me fournira des exemples et des détails de nature à faire bien ressortir l'état des choses.

L'Impression sur Étoffes. — Son importance due à ses progrès.
— Son histoire.

L'Impression sur étoffes, que l'on considère généralement comme secondaire et en quelque sorte
comme une annexe, une dépendance de l'individualité complexe qui constitue l'industrie cotonnière,
peut cependant, et à juste titre, revendiquer une
existence indépendante, avec des règles qui lui soient
propres et qui la laissent librement fonctionner
dans son intérêt privé.

Dans l'état actuel des choses, l'imprimeur ne
marche qu'à la remorque du tisseur et du filateur;
tandis qu'en réalité il est plus avancé, et relativement plus habile que ces deux derniers.

L'Impression sur étoffes occupe de nombreux
travailleurs et représente des capitaux considéra-
bles essentiellement productifs. Tandis que les
filateurs et les tisseurs ne mettent en œuvre qu'en
proportion faible ou nulle les produits indigènes,
l'imprimeur emploie dans ses préparations des produits français qui sont eux-mêmes l'objet d'autres
exploitations principales; telles, la culture de la
garance, la fabrication des produits chimiques.
Voici le parallèle réduit en chiffres :

Dans le compte-rendu de l'exposition de 1834, on
admet que l'Alsace imprime annuellement 720,000
pièces de calicots, percales et mousselines , repré-
sentant une valeur de 43 millions de francs.

Ce capital est produit par :

18 millions, valeur des tissus ;

25 millions, prix de l'Impression, des matières tinctoriales, main-d'œuvre, frais généraux et bénéfices.

De ces 18 millons déduisant le prix du coton, soit environ 9 millons, il se trouvera que la filature et le tissage n'auront produit réellement que 9 millons de francs, tandis que l'impression aura fourni au capital national 25 millions. Il y a donc un intérêt puissant à attirer les produits étrangers vers notre Impression sur étoffes.

Donnons quelques aperçus sur l'histoire de cette intéressante industrie.

C'est à l'Inde, ce berceau des connaissances et des arts, que nous devons l'*Impression sur étoffes*. Les premières notions de cet art paraissent avoir été recueillies à Augsbourg; et par cette raison, on peut lui attribuer la gloire d'avoir préparé la plus grande des révélations humaines : celle de la typographie. Les planches de bois gravées par Jean Guttenberg semblent n'être qu'une imitation des moyens employés bien antérieurement dans l'Inde pour les toiles peintes; moyens appliqués par les Européens à l'impression des cartes et des images dès la fin du XIVe siècle. C'est ainsi que l'industrie à fourni à l'intelligence de l'homme et à la civilisation, son plus fort levier.

Ce ne fut qu'au XVIIe siècle que l'*Impression*

sur étoffes parvint en France. Son histoire, qui formerait un remarquable chapitre dans celle de notre industrie nationale, s'est enrichie des faits les plus importans, des découvertes les plus remarquables dues à la science depuis un demi-siècle. Ses progrès furent immédiats; et une particularité qui mérite d'être citée, c'est que, dès son origine, elle eut avec le principe prohibitif des démêlés dont, Dieu merci, elle est sortie victorieuse. Cette industrie naquit libre, sans entrave d'impôts, sans protection prohibitive, et bientôt elle donna aux étoffes de coton un emploi et une consommation inusités. En 1712, sur les plaintes des fabricans de laine et de soie, on la soumit en Angleterre à un droit qui, augmenté deux ans après, dégénéra en une interdiction absolue de fabriquer ou de vendre des étoffes de coton; interdiction prononcée à l'instigation et au profit des fabricans de laine et de soie par un acte du Parlement de 1720. Des faits analogues se passaient en France, où la défense de porter des indiennes en toiles imprimées resta en vigueur jusqu'en 1759.

Il n'est pas hors de propos de rappeler ici que ce fut un imprimeur français, expatrié en 1690, qui, fondant en Angleterre la première imprimerie sur étoffes, y porta le principe de cette industrie, à laquelle les manufacturiers de ce pays surent donner un si prodigieux développement, au grand profit de leur nation. Ce fut vers 1827 qu'un accroissement inoui se manifesta dans la production anglaise. Selon Porter, le coton mis en œuvre en Angleterre peut se répartir comme suit :

De 1801 à 1809 la moyenne de chaque année a été de. . . . . 27,000,000 kil.
De 1810 à 1816 de. 36,000,000
De 1817 à 1826 de. 70,000,000
En 1827 la consommation a été de 113,000,000
En 1835 de. 150,000,000

Nous verrons, tout-à-l'heure, que la moitié de ces tissus est échue à l'Impression.

L'Imprimeur français plus avancé que le Tisseur. — Nécessité de laisser entrer les tissus étrangers, à charge d'être réexportés après avoir reçu un complément de main-d'œuvre.

Il faut le dire cependant, en France aussi, et dans un espace de temps relativement court, l'Impression a fait des progrès remarquables. Elle a primé la filature et le tissage, qui ne lui préparent pas maintenant des étoffes en qualités, prix et sortes convenables pour l'exportation; d'où il suit que l'imprimeur français, après avoir fourni à la consommation intérieure tout ce qu'elle demande, est obligé de chômer; d'abord parce que les tissus français, en raison de leur prix élevé, ne peuvent pas concourir sur les marchés étrangers avec les prix anglais, suisses ou allemands; puis encore parce que

notre système prohibitif l'empêche d'aller au delà
de nos frontières chercher des tissus convenables,
et de les réexporter après les avoir imprimés. —
Il faut convenir que cette position de l'imprimeur
français est un contresens manifeste, qu'elle est
contraire à l'équité autant qu'à l'intérêt du pays.
Ainsi, lorsque cet imprimeur viendra demander
« d'introduire en France les étoffes de coton, laine
» et soie, à charge de les réexporter après qu'elles
» auront été blanchies, teintes ou imprimées, » il
y aura lieu de lui appliquer le bénéfice de l'art. 5
de la loi du 5 juillet 1836. D'ailleurs, les tissus
étrangers qui viendront en France chercher un
complément de main - d'œuvre y fixeront une industrie nouvelle et des profits de *fabrication*, outre ceux du transit. Plus loin je montrerai comment cette innovation sera profitable plutôt que
nuisible aux établissemens qui paraissent avoir à la
redouter.

L'importance de l'*Impression* a été mise en évi-
dence dans une circonstance récente. Il y a quelques années, la mousseline de laine était d'un
prix trop élevé pour que sa consommation fût
étendue ; il ne s'en exportait pas. Par un de ces
reviremens, malheureusement trop fréquens et trop
brusques aujourd'hui, cet article, en modifiant sa
fabrication, s'est substitué en certaines parties à
l'usage des étoffes de coton. Ce développement a

amené la baisse dans les prix de revient; cette baisse a appelé la consommation étrangère, et, depuis un an surtout, la France exporte en Angleterre, aux Etats-Unis et en Allemagne de notables quantités de cet article. Or, il faut savoir que toutes les mousselines de laine sont imprimées, et que, par conséquent, c'est à l'industrie *Impression* que l'on doit cette exploitation nouvelle, qui est la propriété presque exclusive de la France. Puisse-t-elle savoir l'utiliser et la conserver long-temps!

Négocians intermédiaires. — Leur importance et leur utilité.

Ces relations avec l'étranger auraient pour auxiliaires et pour agens une classe de négocians importante à un haut degré dans le mécanisme commercial, et qui fonctionne aujourd'hui dans le cercle restreint de nos relations; elle acquerra en se développant toute l'importance et la richesse dont elle a besoin pour rendre des services plus efficaces. C'est elle qui, par sa position, ses capitaux, ses spéculations et son active sagacité, doit exercer une grande influence sur les affaires générales du commerce et les maintenir dans un état plus normal, alléger le manufacturier qui suffit à peine aux soins de sa fabrication et aux recherches d'art; elle doit se livrer à des explorations plus hardies et plus attentives pour le placement

et surtout l'exportation des produits manufacturés;
chercher des relations nouvelles, tandis que, de
son côté, le fabricant innove, et diriger la production dans des limites plus conformes aux besoins,
évitant ainsi à la fortune publique des dommages,
des périls et des crises dont le pressentiment
échappe au manufacturier pendant qu'il se débat
entre le soin de produire et l'embarras de placer.
Cette industrie, ainsi constituée, rend aux manufacturiers, et avec usure, les profits qu'ils lui pro-
curent.

**Les tissus étrangers introduits en France, pour être réexportés, ne
nuiront pas à nos exportations nationales.—Celles-ci pourront même
en recevoir de l'accroissement.**

Revenant à l'application de la loi du 5 juillet 1836
(art. 5) aux étoffes imprimées, j'établis que ces
introductions conditionnelles n'empêcheront pas les
exportations de tissus français, en tant que celles-
ci puissent avoir lieu. Est-il admissible en effet,
que le marchand étranger enverra en France ses
tissus écrus, les grévera ainsi des frais d'impression, des risques et des frais d'aller et retour, lorsqu'il trouvera dans les assortimens de tissus français imprimés, les articles dont il aura besoin? en
tous cas, ces frais et ces risques ne sont-ils pas une
garantie suffisante pour les tissus français suscep-
tibles d'exportation?

Il existe des espèces et qualités de tissus étrangers que les fabriques françaises ne produisent pas, et que, par conséquent, l'imprimeur français est, aujourd'hui, privé d'imprimer en concurrence avec l'imprimeur anglais, allemand ou suisse. Ces tissus, s'ils transitaient en France pour recevoir un complément de main-d'œuvre, ne nuiraient pas aux produits français; loin de là, ils offriraient à nos filateurs et nos tisseurs un moyen d'examen et de comparaison qui leur apprendrait à produire à leur tour des tissus pareils, dans les mêmes conditions de qualité, de prix et de cette méthodique régularité qui caractérise la fabrication anglaise. Il s'est opéré une réaction analogue dans les fabriques de soieries anglaises, lorsque, malgré leurs réclamations, la Grande-Bretagne appela les soieries françaises en libre importation, et en concurrence directe avec ses propres produits, sous la protection d'un droit de 3o pour o/o.

L'Exportation des tissus français nulle, comparativement aux exportations anglaises.

L'insignifiance de nos exportations d'étoffes imprimées n'est que trop réelle; ces exportations si faibles n'ont rien de stable ni de périodique, et ne peuvent, par conséquent, servir de base à aucune spéculation, à aucun établissement important. Je me borne à rappeler ce fait, sans m'occuper dans

ce moment, à discuter ses causes. A l'égard de
celles-ci, l'Administration serait bien mal rensei-
gnée, si elle n'avait cherché ses notions que dans
l'enquête de 1834. Je ne passerai cependant pas,
sans faire remarquer qu'en 1835, l'Angleterre a
exporté quarante-sept millions de kilog. *de tissus*
de coton, dont vingt-quatre millions en écrus ou
en blancs, et vingt-trois millions en teints ou imprimés. Dans la même année, la France n'exportait en tout que deux millions trois quarts de ces
mêmes tissus, *dont deux millions et demi en imprimés.* Soit :

47,000,000 contre 2,000,000 3/4.

23,000,000 impr. ou teints, contre 2,000,000 1/2.

24,000,000 blancs ou écrus, contre 1/4 de million.

Ces chiffres sont déterminans dans la question que
je discute; ils indiquent le rôle que joue en France,
pour l'exportation, l'industrie *Impression,* malgré
ses entraves et l'infériorité de notre filature et de
notre tissage, malgré l'assistance de la prohibition
et des primes. Ils indiquent aussi tout l'espace qui est
devant nous : et si les imprimeurs aujourd'hui veu-
lent se mettre à l'œuvre pour sortir l'exportation
française de cette désespérante inégalité qui existe
entre ses chiffres et ceux de l'Angleterre, ne doivent-ils pas être accueillis, secondés; et si, dans ce
but, l'Administration autorise l'introduction des
tissus étrangers sous condition de réexportation,

les tisseurs nationaux pourront-ils raisonnablement protester contre ce progrès, en présence du quart de million de kilog. qu'il leur a seulement été possible d'exporter sans l'aide de l'Impression. Les deux millions et demi de kilog. exportés en tissus imprimés sont d'ailleurs insignifians en capitaux, et ne semblent là que pour attester la puissance et les ressources positives de l'impression.

Il eût été important de convertir ces kilog. en capitaux, afin de déterminer pour quelle part comparative y concourent la matière première, la main-d'œuvre et l'impression. Mais les élémens de ce compte m'ont manqué, parce que les tableaux des douanes, sous tant d'autres rapports, si parfaitement entendus et coordonnés, indiquent en bloc, sans détails ni d'espèces ni de genres, un certain nombre de tissus qui figurent pour une quantité plus ou moins fortes dans les deux millions trois quarts de kilog. exportés.

Le goût français. — Les étrangers l'importent chez eux. — Capital national perdu. — Cause de ruine pour nos exportations de tissus.

Il est donc avéré que le goût et pour ainsi dire le *faire* de l'imprimeur français, déterminent seuls l'exportation de quelques tissus nationaux de haute nouveauté et de mode qui peuvent supporter les prix élevés de notre fabrication. Ces relations à l'étranger si peu consistantes et d'une si

2

insignifiante valeur, cesseront elles-mêmes bientôt,
si les imprimeurs anglais et allemands arrivent à
falsifier ou à imiter les genres français; c'est là pré-
cisément ce qui se prépare.

L'imprimeur anglais, libre de ses mouvemens,
ayant sous la main tous les tissus demandés par
les diverses consommations, vient, sans autre fa-
çon, chercher à Paris des dessins français qu'il
grave et imprime en Angleterre; livrant ainsi les
produits anglais aux acheteurs qui demandent le
goût français.

L'Administration sait-elle que les choses en sont
à ce point, que l'exportation de nos dessins est devenue une industrie organisée? que nos impressions
nouvelles expédiées par échantillons en Allemagne
ou en Angleterre, y sont aussitôt contrefaites? et
mieux encore, que les mêmes dessins étant vendus
par le dessinateur en même temps, aux imprimeurs
d'Angleterre et de France, la chance de vendre
nos impressions aux consommateurs étrangers, s'ef-
face chaque jour de plus en plus?

Si l'Angleterre prohibe la sortie de certaines
machines, l'Administration française n'a-t-elle pas
le devoir sinon d'empêcher, du moins d'annihiler
l'exportation du goût français mis en œuvre par
l'industrie étrangère, au moyen de ces dessins tra-
cés sur papier? A-t-on suffisamment apprécié la
valeur de ce capital français qui, bien qu'il ne

figure pas en chiffres dans l'inventaire national, n'en est pas moins une valeur réelle, productive, qui commandite en quelque sorte les négoces étrangers? Conservons-le donc, préservons-le de toute aliénation, de toute atteinte. Il cessera d'être intact si les imprimeurs étrangers habituent leurs acheteurs aux contrefaçons des dessins français, dont le type peut se nationaliser chez eux ; et alors il n'y aura plus d'exportation possible pour nos tissus, qu'ils soient imprimés, blancs ou écrus ; alors il ne sera plus temps de demander à l'Impression le placement de quelques produits au-delà de nos frontières.

Ainsi, la liberté donnée à l'imprimeur français, servira en réalité les intérêts du tisseur. Cette liberté sera une barrière pour l'envahissement que je signale ; elle maintiendra au-dehors l'habitude des produits de notre pays.

Qui ne sait la puissance que l'habitude exerce sur la consommation des produits manufacturés !

On peut même admettre et soutenir qu'avec cette mesure nouvelle les exportations de tissus français auraient chance d'augmenter par l'action combinée de plusieurs causes ; savoir, l'extension du goût français approprié à des tissus étrangers, l'habitude qui en résultera au-dehors, le développement que ces relations nouvelles donneront à nos fabriques d'Impression dans certaines circonstances données, l'abaissement du prix de revient qui suivra ce développement, et enfin l'émulation qu'éprouveront nos filateurs et nos tisseurs à l'examen de ces produits étrangers venant chercher chez nous un complément de main-d'œuvre. En autorisant l'entrée en France, à charge de réexportation, des tissus de toutes espèces pour y être blanchis, ou teints, ou imprimés, ce sera donc faire une chose juste en elle-même, conforme aux intérêts généraux, et sous certains rapports urgente.

Le système prohibitif modifié par des introductions graduées suivies de réexportations.

On ne saurait préciser combien de temps encore prévaudra le système prohibitif. Il a, malgré tout, reçu depuis quelques années des atteintes beaucoup plus directes et plus profondes que la mesure que je propose. Les profits de la prohibition ne sont, sous certains rapports, que le résultat d'une convention par laquelle la chose publique a fait aux industries un prêt dont on n'a pas stipulé le terme d'exigibilité, mais qui n'en doit pas moins être restitué. Celles de ces industries qui n'auront pas acquitté leur dette ne conserveront pas indéfiniment le monopole. Certaines circonstances d'une haute gravité et très prévoyables, perceptibles même, peuvent accomplir cette dépossession d'une manière violente, inopinée. N'est-il donc pas plus sage de préparer l'événement par des moyens de transition qui lient le présent à l'avenir, et hâtent l'émancipation de notre industrie nationale? Ne serait-ce pas un acte de bonne et prévoyante administration, que de disposer les industries protégées à se suffire à elles-mêmes, et de les y disposer, fût-ce par quelques épreuves qui corrigeraient l'atmosphère trop douce que la prohibition entretient autour d'elles. Pourquoi, cherchant la vérité dans la combinaison d'un système qui participerait du principe restrictif et du principe émancipateur, de la prohibition qui interdit d'introduire des produits étrangers, et d'une liberté agrandie qui permettrait l'introduction, à charge de réexportation, n'appliquerait-on pas l'art. 5 de la loi du 5 juillet 1836 en principe général à tous les produits en matières *élémentaires* qui manquent absolument ou relativement à quelques-unes de nos fabrications? L'administration, pour ne pas sacrifier l'avenir à l'exigence des intérêts présens, doit réduire à leur exacte valeur certaines craintes, consciencieuses sans doute, mais aussi par trop exagérées.

Ainsi, donnant à cette loi de juillet 1836 une extension déduite logiquement des faits que j'ai exposés, lui appropriant avec mesure le principe essentiellement progressif de la concurrence, j'arrive à un système général successivement gradué, que je vais exprimer par un exemple. Si le tisseur français ne fournit pas à l'imprimeur, *pour l'exportation*, les tissus dans les prix, qualités et sortes convenables, *laissez* entrer des tissus étrangers qui devront être réexportés après l'Impression; si le filateur ne produit pas les fils nécessaires au tisseur pour la fabrication de tous les tissus demandés, *laissez* encore entrer des fils, *sous condition d'exporter* pour autant de tissus. On remarquera que dans cette combinaison la consommation intérieure est tout-à-fait hors de cause, qu'elle reste, comme par le passé, acquise aux producteurs nationaux, et que ces importations conditionnelles fixeront en France des profits nouveaux et réels. D'ailleurs, ne laisse-t-on pas entrer la laine et le coton que les filateurs ne trouvent pas en France? n'accorde-t-on pas à certaines fabriques les filés qui leur manquent à un degré de finesse convenable? Et cependant ces introductions de coton, de laine et de filés restent et se consomment en France. Il serait donc déraisonnable qu'une industrie impuissante ou arriérée en tînt une autre progressante sous sa dépendance, et la privât, par égoïsme, de la faculté d'utiliser toutes ses ressources, de porter au dehors l'exhubérance relative de ses forces, et d'attirer en France des profits nouveaux.

L'Indienneur à la fois Filateur, Tisseur, Imprimeur. — Intérêts opposés
dans notre question. — Causes d'erreurs dans l'enquête de 1834.

Le mode progressif que je viens d'indiquer sou-
lèvera des réclamations; en cela il aura le sort de
toutes les améliorations qui modifient les posses-
sions exclusives. Les appréhensions des indien-
neurs ne feront sans doute pas défaut; et, puisque
j'ai pris pour texte cette industrie, poussons jusqu'au bout, en ce qui la concerne, la démonstra-
tion, qui d'ailleurs se trouvera applicable à d'autres
fabrications.

La dénomination d'*indienneur* est générique;
ces manufacturiers cumulent ordinairement deux
et même trois industries, la filature, le tissage et
l'Impression; d'où il suit que l'intérêt de chacun d'eux varie dans cette question selon la position et l'importance qu'occupe chez lui l'une ou
l'autre de ces industries spéciales. C'est à cette di-
versité qu'il faut attribuer les inexactitudes et les
contradictions qui abondent dans les procès-ver-
baux de l'enquête de 1834. Je ne les discuterai pas
ici; mais je rappellerai la déclaration du délégué
des fabriques d'Alsace, exprimant « qu'avant qua-
» tre ans (c'est-à-dire en 1838) il y aurait entre les
» prix anglais et français un nivellement, et qu'a-
» lors il serait possible de réexaminer la question
» de savoir s'il ne conviendrait pas de lever la pro-

» hibition sur les tissus étrangers, en les rempla-
» çant par un droit protecteur. » Les manufacturiers alsaciens assignaient donc eux-mêmes un
terme à l'état de choses actuel ; ils offraient plus
que nous ne demandons.

L'enquête me fournira un dernier argument :
les manufacturiers interrogés ont été pour ainsi
dire unanimes sur la demande de maintenir la prohibition telle qu'elle existe ; et cela par la raison
« qu'ils ne pouvaient vendre en concurrence avec
» les Anglais, à cause de la différence entre les
» prix de revient ; l'élévation de nos prix, prove-
» nant de ce que nos fabriques produisent moins
» que celles d'Angleterre. »

Le fait est malheureusement exact ; mais est-il
rationel d'en argumenter pour soutenir le maintien de la prohibition *absolue ?* C'est ce que je ne
pense pas. Si d'une part, selon cet aveu, notre
position est le résultat d'une insuffisance de débouchés et de production ; si ces débouchés ne peuvent s'obtenir qu'à l'aide de prix de revient plus bas ;
si la prohibition dont on demande le maintien nous
refuse quelques-unes des matières élémentaires
nécessaires à notre développement, et, par suite,
les moyens d'obtenir avec ces prix de revient
abaissés la possibilité d'exporter ; si, d'autre part,
on persiste à admettre la prohition *absolue* comme
principe vital de notre prospérité industrielle, ne

reste-t-il pas évident qu'avec ces causes et ces effets anormaux, destructifs les uns des autres, l'industrie générale est enfermée dans un cerle sans
issue, quels que soient d'ailleurs les efforts isolés
de chacun des individus qui composent cette belle
et grande portion de notre société.

Conclusion.

Ainsi, pour me résumer en peu de mots, j'ad-
mets le maintien de la prohibition, quant à
présent, en tant qu'elle garantira seulement aux
manufacturiers nationaux toute la consommation
française; mais, par contre, je pense qu'il faut
modifier cette prohibition, en ce qu'elle prive ces
mêmes manufacturiers du droit d'emprunter à l'é-
tranger et de lui restituer avec une augmentation
de valeur, les produits qui manquent en France
pour utiliser toute la puissance de leur industrie.
Gardons-nous d'être préoccupés des importations
étrangères au point de négliger nos exportations;
elles sont indispensables pour exercer nos facultés
dans une sphère élevée, pour nous entretenir dans
la lutte qui nous rendra forts et habiles; lutte par
laquelle seule nous contrebalancerons cette fécon-
dité anglaise qui de toutes parts et chaque jour
davantage nous étreint. Agissons donc, sans attendre que le jour de demain complique la position

portons l'attaque au-delà de nos frontières, et, s'il le faut, achetons-y les armes avec lesquelles nous réaliserons ces pacifiques et durables conquêtes.

Union allemande. — Son influence.

Il est généralement admis que la production anglaise est notre seule rivale dans l'exportation des tissus de coton : c'est une opinion erronée qu'il importe de détruire. Ceux qui ont pu observer l'influence de l'union allemande sur les fabriques qu'elle enclave, et notamment celles de la Saxe, doivent être frappés du développement et des merveilleux perfectionnemens qu'elles obtiennent. Elles livrent à des prix très bas leurs produits, qui, d'imparfaits qu'ils étaient récemment, sont parvenus à une perfection telle, qu'ils excluent de la consommation allemande certains articles analogues français; elles ont aussi supplanté les Anglais, tant en Allemagne qu'en Amérique, pour d'autres produits courans. Laissez faire ces fabriques, et bientôt nos *Impressions* seront exclues par le fait de nos prix, puis elles seront à leur tour prohibées par des réglemens de douane que les manufactures de l'*Union* ne manqueront pas de réclamer, par réciprocité de la prohibition française. Il y a deux ans que le chef d'une imprimerie d'Elberfeld, que je visitais, me dit qu'à son gré cette représaille se faisait trop attendre.

Je ne sais si on apprécie en France à sa véritable valeur et dans toute sa portée l'*Union allemande*, vaste et belle application du principe d'association, édifice cimenté de politique et d'industrie, qui pourra être indestructible lorsque ces élémens seront combinés. Jusque-là des vicissitudes l'éprouveront; mais, avec l'aide de cette persévérance qui caractérise la politique allemande, avec la puissance expectante du caractère national, l'œuvre parviendra à son état parfait.

FIN.

COLLECTIONS INDUSTRIELLES

DU

MUSÉE DES ARTS ET MÉTIERS.

L'existence des Bibliothèques et des Musées est liée à tous les événemens qui ont agité le monde, car elle remonte aux premiers temps de la civilisation juive. Quant à leur histoire contemporaine, on peut la suivre sur l'une des faces de la physionomie sociale, avec les modifications que celle-ci éprouve sous l'influence de causes diverses; ces circonstances concourent toutes au travail lent, imperceptible, mais incessant de la transformation des idées. Et c'est dans cette marche immuable que se prépare le germe et le développement de ces grandes démonstrations de l'esprit humain, que nous appelons découvertes, inventions.

L'ère des collections commence chez nous à Charles V. Ce roi, qui mérita le titre de Sage, réunit dans une tour du Louvre quelques volumes d'astrologie, qui sont le principe de la Bibliothèque royale. En même temps, un cordelier préparait la poudre fulminante qui devait briser l'armure féodale. Cette ère, à travers des phases diverses, aboutit, de nos jours, à la magnifique collection de Versailles qui suffirait pour caractériser une époque et signaler un règne. Celle-ci marche avec une découverte, fameuse entre toutes, celle de l'application de la vapeur à la locomotion ; découverte qui, en un temps donné, aura complétement déplacé le commerce, la politique et la civilisation.

Ainsi, chaque époque a sa place marquée dans cette succession de faits ; chacune d'elles aussi a apporté, dans la formation des collections, les matériaux qui lui étaient propres. L'importance des XVIIe et XVIIIe siècles y domine, et, avec elle, toute l'influence des spéculations métaphysiques. A cette époque, le commerce et l'industrie ne devaient pas y trouver place ; ils s'étaient laissés oublier dans la distribution des rôles de la société, et les gouvernans ne leur avaient guère accordé aide et protection qu'à prix d'impôts. Alors les individualités industrielles ne comptaient pas même pour une unité; alors les nobles dérogeaient pour avoir fait acte de commerce ; comme s'il fût resté dans nos mœurs quelques vestiges viciés de cette grandeur déchue des Romains qui confondaient dans le même mépris ceux qui pratiquaient le négoce, les esclaves et les gladiateurs.

La révolution de 1789 vint; cette grande liquidation, malheureusement tachée par de déplorables excès, réhabilita l'industrie. Les troubles du temps favorisèrent peu le développement commercial; l'éducation industrielle était à prendre aux premiers élémens et ne pouvait guère marcher dans ce conflit. La Convention qui, au milieu des agitations et des crimes de son règne, eut de grandes inspirations de bien public et créa d'impérissables institutions, décréta le 19 vendémiaire an III (1794), sur la proposition de l'abbé Grégoire, l'institution du Musée des Arts et Métiers.

La pensée était haute; elle allait dans l'avenir. Les bases furent larges pour qu'elles pussent recevoir les agrandissemens que le temps devait successivement y apporter.—Mais, il faut le dire, cette pensée mère est restée inachevée jusqu'à présent; l'œuvre n'a pas acquis le développement et l'accroissement que l'époque semble lui avoir assignés; tant s'en faut que le Musée se soit enrichi de toutes les conquêtes de l'esprit d'invention, lui qui devait ouvrir la route et poser les jalons.

Mais aussi pourquoi les industriels ne signalent-ils pas leurs besoins et leurs vœux ? Lorsque l'Administration, malgré tous les efforts dont il faut lui savoir gré, n'a pas elle-même encore complété son instruction, au point d'apprécier, sous ses mille faces, dans tous ses rapports et connexités, la question commerciale, question immense, qui va sans cesse se modifiant et se renouvellant ; pourquoi les industriels sont-ils généralement peu empressés à se confier à elle et à l'éclairer ?

Ce n'est pas ce que je me suis ici donné la mission d'expliquer ; mais je dois dire cependant que l'Administration préposée à la garde du développement et de la prospérité de l'industrie dans notre belle France, n'a pas plus le droit de punir l'industriel national de son indifférence, de son ignorance, ni même de son mauvais vouloir, que le père de famille n'a celui d'abandonner à eux-mêmes ceux de ses enfans qui ne répondraient pas à sa sollicitude. Et en admettant, ce que je ne pense pas, que l'Administration ait rempli toutes ses obligations envers l'industrie, il lui restera toujours le devoir d'aider l'état de minorité dans lequel les habitudes et les institutions avaient, jusqu'à présent, placé chez nous cette importante partie de la société. Il faut donc que, sans se lasser, l'Administration appelle, attire à elle le commerce; qu'elle place les choses de telle sorte que le commerce ait satisfaction et intérêt à aller à elle; qu'elle perfectionne tous les moyens d'instruction et d'éducation industrielles pour toutes les classes et les conditions; qu'elle fournisse enfin, à l'examen de tous, des documens qui, avec les précieuses publications des douanes, formeraient un ensemble parfait.

La Convention avait réuni dans la même sollicitude les Musées des Sciences et des Arts libéraux, les Bibliothèques et le Musée des Arts et Métiers. — Les Bibliothèques publiques, les Collections d'histoire naturelle, celle des tableaux, sont tenues constamment en rapport avec la science et les arts; elles suffisent parfaitement à ce que les savans et les artistes peuvent leur demander. Pourquoi donc le Musée des Arts et Métiers, considéré sous le rapport des collections et de leur application, est-il tout à fait insignifiant, incomplet, je dirai presque inutile? Et devrait-il en être ainsi lorsque cet établissement a pour chef un des hommes les plus élevés par leur caractère et leur savoir; lorsque toute cette corporation de savans, qui forme une des gloires de la France et que toutes les nations lui envient, vient y enseigner aux praticiens les théories de leur art! Les savans tiennent le flambeau; c'est à nous de travailler à sa lueur, et à l'Administration de nous protéger.

Il manquera à ces savantes leçons du Conservatoire un complément indispensable, tant que les collections seront négligées ou incomplètes. Et qui sait si ces leçons ne prendraient pas elles-mêmes une direction appliquée, plus large, plus positive, les collections leur venant en aide!

Il n'y a pas lieu d'établir le parallèle entre les Bibliothèques publiques, les Collections d'objets de science et d'art, et le Conservatoire des Arts et Métiers ; les premières servant presqu'exclusivement aux savans, aux hommes d'étude, aux perfectionne-mens intellectuels ; tandis que l'autre, destiné à l'éducation d'une immense majorité de la population, produit des avantages positifs, immédiats. Dieu merci! la France n'en est pas au point de sacrifier sa gloire scientifique, littéraire et artistique pour payer les frais d'un Conservatoire des Arts et Métiers, qui cependant, lui aussi, pourrait devenir une grande exhibition de gloire nationale ; une sorte d'exposition permanente qui placerait le passé à côté du présent, et représenterait la chaîne par laquelle se tient cette belle consanguinité des inventions.

Mais comment lier toutes ces pensées, ces conceptions, ces combinaisons, ces essais imparfaits, ces perfectionnemens, ces erreurs même qui portaient en elles le principe d'une révélation, et toutes ces circonstances enfin et ces transformations par lesquelles les arts ont passé depuis leur élément jusqu'à l'état où nous les possédons? Comment préparer la voie à nos contemporains et à ceux qui viendront après nous, et leur éviter ces recherches mille fois et simultanément peut-être, répétées? Comment empêcher que de précieuses intelligences ne s'épuisent vainement à la recherche d'une invention qui préexistait à leur insçu? Comment faire que les arts industriels procèdent logiquement, marchant du connu à l'inconnu, prenant une découverte, un mécanisme, une machine, au point où les a laissés le précédent travailleur, avec les enseignemens de son génie et même de ses erreurs? Oh! certes, c'est là un problème complexe duquel je n'ai pas la prétention d'offrir une solution absolue; mais je ne crains pas d'avancer qu'en donnant au Conservatoire des Arts et Métiers une organisation plus intelligente de sa destination, bien appropriée à sa spécialité; qu'en portant jusqu'aux dernières limites du possible la réalisation de la pensée créatrice de cette institution, en faisant de ces collections une œuvre sérieuse, coordonnée et méthodique, en leur donnant la publicité dont elles manquent aujourd'hui, on serait bien près d'atteindre le but; et, qu'en tous cas, on arriverait par là à des résultats positifs, immédiats. Si, en 1690, lorsque Papin imaginait une machine pour l'application de la vapeur, il se fût trouvé un

Conservatoire qui constatât ce fait et le rendît visible à tous les yeux, la grande révélation de l'époque n'aurait pas attendu plus d'un demi-siècle la venue de Newcomen et de Cowley.

Mais, dira-t-on, ces machines arrivées à un certain état de vétusté seront gênantes, inutiles, et tout au plus capables d'exciter la curiosité des antiquaires. Déjà même un organe de la presse a voué à la destruction les anciennes machines existant aujourd'hui au Conservatoire.

Savez-vous que parmi ces machines que vous voulez profaner, il y a de vieux témoins des travaux d'un des plus illustres enfans de la France, de Vaucanson! Savez-vous que cette destruction serait un acte de vandalisme contre lequel l'industrie protesterait, car ce sont ses symboles, c'est son culte, c'est sa poésie que vous frappez. Et, croyez-le bien, l'industriel de nos jours, dans la sphère positive où vous le voyez agir, ne matérialise pas toute son intelligence, n'éteint pas son imagination, n'abandonne pas toutes les inspirations de la nature et de l'éducation, n'oublie ni le respect dû à la vieillesse, ni le culte des choses passées, de celles surtout qui ont été utiles. Non, on ne comprend pas encore généralement en France l'individualité commerciale; peut-être la juge-t-on trop sur les traditions et les préjugés. Elle, plus qu'aucune autre cependant, s'est améliorée et perfectionnée depuis la régénération de 1789. En rejetant les défauts de sa nature première, elle a grandi plus librement dans ses facultés, dans son influence; elle a mieux satisfait à sa mission. Et c'est pour cela que le mouvement social l'a portée à une position si élevée. L'industrie est sortie intacte de l'épidémie qui afflige la société depuis près de deux ans; le mal est à son déclin, et s'il devait reparaître, elle serait plus que jamais à l'abri; car le principe, le foyer de ce mal sont ailleurs, et le commerce régulier dénie tout contact, tout rapprochement avec lui. — Le commerce, lui qui travaille pour l'avenir, place ses édifices sur des fondations réelles, solides; ce n'est donc pas lui qui a élevé ces constructions que le premier souffle a détruites. — Le commerce, oh! c'est quelque chose de plus grand, de plus noble qu'on ne croit. Demandez à l'auteur de l'histoire des deux Indes : « Qui est-ce qui a creusé ces canaux? » qui est-ce qui a desséché ces plaines? qui est-ce » qui a fondé ces villes? qui est-ce qui a rassem- » blé, vêtu, civilisé ces peuples? » et il vous répondra: « C'est le commerce! c'est le commerce! »

Le Conservatoire des Arts et Métiers a un droit égal à la prospérité des autres Musées, car le commerce apporte son contingent d'admiration et d'argent à tous les objets d'art, de science, d'histoire dont vous ornez vos places publiques, dont vous enrichissez vos collections. Associez-vous donc à lui pour donner une noble hospitalité aux machines et aux modèles, œuvres de ces intelligences qui procèdent à l'imitation de Dieu, qui créent; précieux et bien authentiques autographes qui ont agrandi le domaine de l'humanité, qui ont multiplié à l'infini les forces et les jouissances, qui ont élevé la civilisation et la moralité des hommes!

Qui donc resterait indifférent devant le tableau d'une de ces belles familles industrielles? Voir réunis le fuseau des temps primitifs, le rouet qui ne date que du XVIe siècle, et la première machine à filer de Crompton, et celle dont, aujourd'hui, les mille broches obéissent au même mouvement; les transformations du métier à tisser, dont tous les ressorts cèdent maintenant à un moteur mécanique; voir l'étoffe blanchie, dans le siècle dernier, au moyen du petit-lait, après huit mois de manutention, et celle blanchie aujourd'hui, en moins d'une heure, par les procédés de Scheele et de notre Berthollet; la pièce d'étoffe peinte, chez nous, à la manière des Indiens; celle imprimée, plus tard, avec une planche de bois sculptée, et, en dernier lieu, celle imprimée aujourd'hui par la mécanique qui fait le travail de 4,000 imprimeurs à la main. Et, s'il était possible, voir un échantillon de cette soie qui, sous Justinien, s'échangeait à poids égal contre de l'or pur, en regard du tissu de soie qui, de nos jours, est à la portée des plus humbles fortunes; voir, enfin, la laine teinte en pourpre de Tyr, dont une livre valait environ 900 francs de notre monnaie, et dont le vain orgueil des Empereurs nous a fait perdre le secret, en réservant, sous peine de mort, à leur usage personnel, cette précieuse matière. — Quel vaste champ pour l'historien, le philosophe, l'économiste et l'industriel !

Je vais m'expliquer sur la manière dont la collection du Conservatoire me paraîtrait devoir être ordonnée.

Tous les arts et les métiers y seraient représentés par leurs mécaniques, leurs ustensiles et leurs outils. Cette représentation aurait lieu, autant que possible, par les machines elles-mêmes ou par des modèles réduits, et à défaut par des dessins. Avec chaque machine principale on conserverait un échantillon du produit qu'elle a donné en sortant des mains de son inventeur, et près d'elle viendraient se grouper ses perfectionnemens et ses transformations notables; en regard de ces perfectionnemens seraient placés par échantillon les produits de chacun d'eux. Ces arts et ces métiers seraient répartis en grandes sociétés qui se diviseraient en familles, en genres et en espèces. Ainsi, prenant pour exemple l'industrie *Impression*, elle formerait une famille dont les genres se compose-

raient des moyens mis en usage pour imprimer,
soit sur le papier par les caractères mobiles ou sté-
réotypés et par la lithographie, soit sur étoffe ou
papier de tenture par la planche en bois et en mé-
tal en creux ou en relief, par la planche plate mécanique, le rouleau et la pérotine. Les espèces
seraient représentées par chacun des ustensiles
nécessaires pour ces divers modes d'impression.
La confection de quelques-uns de ces ustensiles,
telle que la fonte ou gravure des caractères, et la
gravure des agens de l'impression, formeront encore une subdivision; les inventions successives
viendraient se ranger en leur ordre. Au fur et à
mesure que les familles ou les espèces prendraient
place dans ces collections, un texte simple, mais
substantiel et correct, enregistrerait leur existence,
décrirait leur organisation et leur destination. Ce
texte, rattaché aux machines, aux outils, formera
un magnifique ensemble, une encyclopédie complète, positive.

Sans doute, ce plan que je viens d'indiquer en
quelques lignes serait, à l'exécution, une entreprise
laborieuse, difficile, d'autres même diront impossible. Mais que de choses, jugées d'abord impos-
sibles par cela seul qu'elles étaient une innovation,
ont cependant été réalisées. Pour l'exécution de
mon projet, il ne faut ni tant de temps ni tant
d'argent; il n'est besoin que d'une volonté ferme
et persévérante.

Ce ne serait pas tout cependant que d'avoir tracé en caractères palpables, dans l'enceinte du Musée, cette généalogie des arts, des métiers, des découvertes et des créations industrielles, toutes intéressantes par les circonstances de leur naissance, certaines, importantes à un haut degré par leur influence sur les habitudes et les mœurs de l'époque; tous ces arts, appelés à produire, à donner la vie au travailleur en même temps que la jouissance et l'abondance au consommateur; tous enfin concourant à cette magnifique filiation qui s'est arrêtée sur notre sol, où elle réclame par des actes si puissans et par de si heureux efforts le droit de nationalité.

Les collections de machines étant coordonnées et complètes, je demanderais que l'on créât une collection d'échantillons où les produits manufacturés, ceux du moins qui sont de nature à être ainsi recueillis, viendraient successivement se classer par époques.

Ainsi, prenant pour exemple les tissus, je voudrais qu'ils se trouvassent là en ordre chronologique à leurs divers états depuis l'écru jusqu'aux formes variées sous lesquelles la consommation les accepte. Ces échantillons porteraient, autant que possible et que cela serait utile, l'indication de leur provenance, des prix moyens de la vente, de leur emploi, soit pour la consom-

mation intérieure, soit pour l'exportation, et l'é-
noncé des circonstances principales relatives aux
plus intéressantes de ces productions.

La collection française manquerait d'un complément indispensable si on ne plaçait en regard
une pareille collection des produits analogues fa-
briqués à l'étranger. Cette réunion aura un caractère parfaitement grand et utile; elle servira à
l'Administration en lui fournissant des documens
vrais pour préparer une bonne statistique manu-
facturière et commerciale dont, selon son aveu,
les matériaux lui manquent; elle sera le vérifica-
teur le plus exact de la production des diverses
nations. Ce rapprochement des produits français et
étrangers aura, pour nos industries, des résultats
immédiats d'une grande importance. — En fabrication, l'examen et la comparaison ont toujours un
effet progressif; de cette confrontation de tous les
jours, de tous les produits, naîtra une émulation,
une instruction fécondes.

Ces documens recueillis à l'étranger par les agens
ou les correspondans de l'Administration nous apporteront, en partie, le secret des exportations anglaises avec la connaissance des sortes et genres de
marchandises qu'ils destinent à telle ou telle con-
trée; ils offriront de précieux renseignemens à nos
exportateurs; ainsi les maisons françaises seront en-
hardies, excitées à faire des tentatives de relations

lointaines ; ces tentatives nous enrichiront néces-
sairement de notions nouvelles qui réagiront sur la
prospérité de nos manufactures et de notre commerce. — Ces habitudes appelleront les négocians
français à l'étude de l'économie publique et des
documens publiés en France et en Angleterre sur
les importations, les exportations et le transit, documens qui nous offrent la confidence de tant de
spéculations et d'affaires.

Nous ne manquons en France ni d'habileté, ni
de capitaux pour étendre et fixer la domination de
notre industrie ; mais nous n'avons ni les renseignemens, ni les connaissances locales, ni l'expérience, ni enfin cette confiance que donne la connaissance exacte des choses ; notre commerce
extérieur n'a ni un but ni une direction suffisamment éclairés. Nous exportons peu parce que nous
produisons à un prix trop élevé ; en forçant nos
exportations nous arriverons bientôt à des prix de
revient abaissés, qui nous pousseront à de nouvelles
exportations et à un développement à l'aide duquel notre industrie sortira du cercle vicieux qui
l'enserre.

En considérant cette grande collection d'échantillons, comme un monument historique, nous
voyons grandir son importance et son intérêt. Ces
annales devenues inséparables des faits, placées toujours en présence d'irrécusables témoins, consti-

tueront le meilleur enseignement, le germe le plus
fécond que nous puissions léguer à l'avenir. — Ne
serait-ce pas aussi un acte essentiellement libéral,
un grand exemple à donner au monde commer-
çant, et bien capable d'élever l'influence du nom
Français, que d'appeler en congrès, dans la capitale
de la civilisation, toutes les puissances productrices
du globe? — La pensée ainsi élargie n'est pas une
exagération, elle est dans les limites d'une exécution possible, facile. Il suffira d'y employer les
moyens convenables.

Je dirai plus tard comment, en s'aidant des notions et des habitudes du commerce, en établissant
des relations et des échanges, en appelant l'apport
gratuit des machines et des échantillons par une
combinaison réglementaire ou législative qui, en
même temps, déterminerait mieux, et au profit de
ces déposans, la propriété des brevets et dessins de
fabriques, on pourrait singulièrement réduire les
dépenses de cette collection, dépenses qui seront
certainement bien au-dessous de ce qu'elles peuvent
paraître au premier aperçu. Il est positif, en tous
cas, que la somme nécessaire annuellement pour
former et posséder cette collection universelle,
serait loin d'approcher du cinquième de la dépense
occasionnée par une des expositions quinquennales
que nous allons revoir cette année. Ce n'est ni le
temps ni le lieu de dire à leur égard toute ma

pensée; je ferai remarquer seulement que ces expositions ne sont, à tout prendre, qu'une magnifique fête à laquelle l'Administration convie les industries, et que celles-ci ne s'y présentent guère que parées de leurs plus beaux atours.

Je ne blâme pas la mesure en elle-même, car, à défaut d'autre moyen, elle constate des faits, elle marque certains pas de la fabrication; mais je ne crains pas de critiquer le mode, parce que, soit à cause de leur organisation, soit à cause de leur durée éphémère, ces expositions ne laissent aucune empreinte bien durable, aucune influence sérieuse et bien efficace à la prospérité et au progrès des manufactures.

On cite au Musée, des échantillons anglais réunis, en 1814 ou 1815, sous le ministère de M. de Cazes. J'ai regretté qu'il ne m'eût pas été possible de voir ces matériaux, afin de juger par leur importance et leur ensemble dans quelle pensée avait eu lieu ce fait isolé, fortuit peut-être et qui avait coûté, dit-on, une somme considérable.

En parlant de collections d'échantillons, il faut citer les matériaux que j'ai trouvés à la Bibliothèque royale en cherchant dans le cabinet des Estampes des dessins d'ornement. Cette collection se compose de sept volumes reliés, dans lesquels sont classés méthodiquement des fragmens de tissus divers, depuis la toile à voile et le bouracan jusqu'au brocart d'or et à la dentelle ; et parmi eux il y en a des plus remarquables sous le rappport de la fabrication. Ces échantillons sont, à peu d'exceptions près, parfaitement conservés ; leur origine remonte à 1732 et comprend un espace d'environ cinq années. Près de ces échantillons sont inscrites des notes où, on peut presque le dire, le sacré se trouve allié au profane. Ainsi, on y indique quelle étoffe était de mode à telle saison ; comment elle était portée ; quel fut l'ameublement de tel grand seigneur ; quelle étoffe la Reine portait à telle occasion ; quelle fut la composition de la garderobe achetée à Paris pour le roi de Portugal, etc. En même temps on inscrivait le lieu où se fabriquaient ces étoffes ; les priviléges des villes qui les livraient à la consommation ; la distinction comparative entre les marchandises françaises et celles de l'étranger ; le cours des monnaies dans lesquelles ces dernières étaient payées ; les prix de vente ; les aunages et largeurs usités pour chaque étoffe ; les fraudes introduites dans certaines confections ; des renseignemens sur les procédés de fabrication, etc. Outre le mérite réel de cette collection, elle a la particularité de son origine, car elle est attribuée au trop célèbre maréchal de Richelieu, dont le nom ne rappelle guère des essais de statistique ou d'économie industrielle.

Depuis long-temps j'avais préparé un travail sur

le Conservatoire des Arts et Métiers. Les mesures prises par l'Administration pour donner, dans cet établissement, une organisation nouvelle à l'enseignement, appellent la discussion sur l'ensemble de l'institution. Il m'a semblé que les collections industrielles ne devant pas rester étrangères à cette impulsion, le moment était venu de produire, quoique bien réduite dans le cadre étroit que ce fragment m'imposait, ma pensée sur une organisation grande, complette et véritablement utile, telle enfin que l'époque la réclame.

FIN.